Lb 56
286

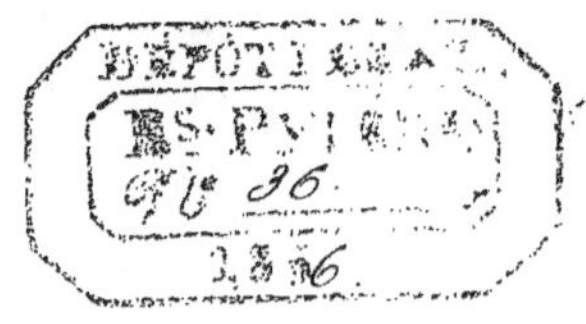

LAMENTATIONS

SUR

L'ANNÉE 1855

PAR M. SOYA,

Curé de Lahonce.

BAYONNE,

IMPRIMERIE P.-A. CLUZEAU, RUE DU GOUVERNEMENT, 15.

—

1856.

LAMENTATIONS
SUR LA GUERRE.

Il arriva, après que le peuple d'Israël eut été mené en captivité, que le prophète Jérémie s'assit pleurant; et soupirant dans l'amertume de son âme, et gémissant, il proféra sur les enfants de la fille de son peuple dévorés par la guerre, par la peste et la famine, ces touchantes et admirables paroles, si connues sous le nom de ses Lamentations. Paroles de deuil, de gémissements et de larmes, mes paroles aussi sur la guerre qui désole tant la terre, sur la terrible épidémie qui l'a visitée, et sur la grande misère qui y règne. Les lamentations du Prophète égalèrent la calamité, puissent les miennes obtenir le même effet! Seigneur Dieu, excitez, dirigez mes pensées; et vous, beaux et touchants passages de nos livres saints, rassemblez-vous sous ma plume.

Comment la terre est-elle désolée? comment est-elle en proie à l'agitation et au trouble? La paix la parcourait sur son cheval blanc; et, à l'ombre des souverains pacifiques, l'homme de la ville se livrait tranquillement au négoce, et l'homme de la campagne, aux travaux des champs; et partout s'entendaient les chants de la joie, les cris de l'allégresse, et la voix de ceux qui disaient : Béni le Seigneur Dieu qui nous fait goûter les douceurs du repos ! et bénis nos souverains, eux, bons, doux, n'ayant que des pensées de paix et de bien ! Et voilà que dans une terre lointaine, dans la terre du Nord, la tempête a mugi, et un cheval roux a paru, et quelqu'un dessus, brandissant un grand glaive, et plein de tumulte et de menaces, et s'écriant, et disant : Pourquoi nous tenir en repos ? et pourquoi ne pas nous étendre ? qui craignons-nous ? le soleil éclaire-t-il une nation comme notre nation, grande en nombre, puissante, belliqueuse, aguerrie ? Allons donc, et que nos armées immenses se répandent ainsi que de vastes eaux; et tombons sur les peuples; et aux peuples mettons un anneau aux narines, et un mors à la bouche; et qu'ils nous servent; et soyons seuls, et qu'il n'y ait point d'autre. Il dit, et des ordres sont donnés, et tout l'empire Moscovite s'ébranle, et des troupes s'assemblent, innombrables comme le sable qui est sur le rivage de la mer. Et celui qui a reçu la force et la puissance sort; il sort, lui, et sa grande armée, et sa multitude immense, et les flots de ses bataillons, et les flots de ses cavaliers. Leurs mugissements ressemblent aux mugissements de la mer, et leur tumulte est comme le bruit des grandes eaux. Nous l'aurons, nous l'aurons, disent-ils, la terre des enfants du Croissant : comme des oiseaux de proie, ainsi nous la dévorerons; et, une fois prise, qui nous la ravira ? Et pareils à la tempête impétueuse, au tourbillon qui ravage, au torrent qui se déborde et qui inonde les campagnes, ils se précipitent, ils tombent sur la terre des enfants du Croissant; et la terre des enfants du Croissant, ils la possèdent déjà dans leur pensée ; mais comme un homme qui se rassasie en dormant, et qui à son réveil sent ses entrailles déchirées ; ou comme un voyageur altéré qui pendant un songe apaise sa soif, et qui ne s'éveille pas moins lassé, ainsi ils seront : l'enfant du Croissant leur oppose plus encore son courage intrépide que ses bataillons et son cimeterre ; et, seul, il les repousse jusqu'à leurs frontières ; mais la différence est grande dans la multitude, et l'enfant du Croissant craint d'être accablé, à la longue, par la multitude ; et il tend les mains vers l'Occident, et le grand homme de l'Occident, l'homme de toute la terre, lui dit : Attends ; et il envoie vers le Moscovite des propositions pacifiques, et le Moscovite farouche fièrement les rejette ; et le grand homme de l'Occident, l'homme de toute la terre, fait signe à la grande dominatrice des mers, et la grande dominatrice des mers lui dit : Je viens ; et le grand homme de l'Occident, l'homme de toute la terre, tire son glaive, et il dit : Allons, et réprimons celui qui a banni la paix de la terre ; et mettons-lui aux narines l'anneau qu'il nous destine, et à la bouche le mors qu'il nous a préparé ; et ramenons-le dans ses terres, et qu'il s'y contienne, et qu'il n'en sorte pas. Il dit, et, en un moment, la mer est comme une vaste forêt : d'énormes édifices flottants la couvrent, portant dans leurs flancs des bataillons nombreux, des chevaux et d'épouvantables instruments de mort. La terre de l'Orient est à leurs yeux, ils disent : La voici, et la terre de l'Orient, ils la touchent ; et voilà, dans la terre de l'Orient, voix de bataille ; voix de bataille, choc terrible et grande ruine ; et, sur ces entrefaites, l'arrêt porté au ciel sur la fin des jours du Czar.

Mortels ignorant nos destinées ! il jurait encore par son trône et par la vaste étendue de ses terres, disant :

Mon glaive est tiré, et mon glaive ne rentrera dans le fourreau que rassasié des chairs des peuples, enivré de leur sang ; et pour lui une main écrivait dans le ciel : *Mané*, ce qui veut dire : Dieu a compté ton règne, et il l'a accompli. Et, en effet, le Czar est entré dans la voie de toute la terre, et il a subi la loi commune à toute chair. A son approche, le séjour de la mort s'est ébranlé jusqu'au fond de ses abîmes : au-devant de lui se sont élancés les princes qui l'habitent ; et les maîtres de la terre, et les rois des nations sont descendus de leurs trônes ; et tous ont élevé leur voix, et ils ont dit : Quoi ! toi aussi tu as été blessé comme nous ! tu es devenu semblable à nous ! Comment es-tu tombé, toi, grand, puissant, incomparable sous le soleil ? comment es-tu tombé ? et comment ta gloire a-t-elle été renversée sur la terre ? N'es-tu pas celui qui disais : J'enverrai ma grande armée, et ma multitude immense, et les flots de mes bataillons, et les flots de mes cavaliers ; et j'accablerai les peuples, et je les assujettirai ; et je serai seul, et il n'y aura point d'autre ? Et pourtant ton cadavre est étendu sur la terre, et la profondeur du sépulcre est ta demeure, et les vers sont ton diadème, et la pourriture est ta pourpre ; et les hommes se penchent vers toi, et ils te regardent de près, et ils disent : C'est là cet homme qui n'a pas pu se contenir dans la vaste étendue de son empire, qui a tant troublé la terre, et a voulu l'assujettir ! Sa couronne a passé à son fils, et la guerre a été continuée ; et de grandes actions ont eu lieu, et des combats sanglants, et un acharnement tel qu'il n'y en a pas eu de semblable depuis le commencement des générations. Bien des fois, les loups sont sortis pendant la nuit ; mais les lions les ont dévorés.

Comme l'on sait, Saint-Pétersbourg est la mère des

Russes, et la fille aînée de Saint-Pétersbourg, sur la mer, est Sébastopol; et sa première cadette, encore sur la mer, est Cronstadt; et l'œil et la pensée des alliés ont été sur Sébastopol et sur Cronstadt; et particulièrement sur Sébastopol; et ils se sont approchés de cette dernière, et celle-ci, fière de ses murs, et de ses forts, et de la multitude de ses hommes, et de ses bâtiments, et de la mer, s'est rie des alliés, et elle a dit : Qui sont ceux-ci qui viennent à moi, et prétendent me prendre ? Mon nom le voici : IMPRENABLE. Tu te trompes, ville superbe, tu te trompes, et l'orgueil de ton cœur te séduit; tu seras prise, tu seras prise : rien n'est impossible à ceux qui sont venus vers toi ; ils disent aux plus grandes difficultés : Qu'êtes-vous devant nous ? Malakoff te rassure, Malakoff sera emportée : ceux qui t'attaquent y monteront vites comme les chevreuils des montagnes; et ils entreront en toi, et ils habiteront les maisons, et tu seras muette, et la voix de ton orgueil ne sera plus; et ta mère et ta sœur apprendront ta chute, et elles quitteront leurs habits de couleur, et vêtues de désolation et d'épouvante, elles s'asseoiront sur la terre, et elles gémiront, et les peuples qui ont intérêt dans ta prise, pousseront des cris de réjouissance, et les autres feront entendre sur toi des chants lugubres. Et il a été ainsi : les alliés ont pris le jour et l'heure; et, en un moment ils ont arboré leur drapeau sur les murs de Malakoff; et ils sont entrés dans Sébastopol, et ils y habitent; et Saint-Pétersbourg et Cronstadt ont appris sa chute, et l'épouvante a été dans la mère, et les ténèbres de la consternation et de l'abattement dans la sœur. Vainement elles font le fier, la confiance de leur bouche n'est point la confiance de leur cœur. Et les peuples qui avaient intérêt dans sa prise ont fait retentir l'air de leurs cris de réjouissance, et les autres ont commencé sur elle les chants lugubres ; ils ont dit : Qui était semblable à toi, Sébastopol, toi, grande, puissante, renfermant un peuple nombreux, et défendue par des tours formidables, et par la mer ? Comment estu donc tombée ? comment es-tu tombée ? et comment les tiens t'ont-ils abandonnée, et des étrangers t'habitent-ils, et aucun de tes bâtiments ne sort-il plus de tes ports ?

Comme les autres, je me réjouis de la victoire ; mais puis-je avoir un cœur, et ne pas m'affliger aussi au souvenir de cette terre, source, je le veux, d'une de nos plus grandes gloires, mais, en même temps, vaste tombeau des peuples. Là sont les Russes, et tous leurs morts frappés par le glaive, et leurs sépulcres creusés dans la profondeur du lac, et leur multitude jétée çà et là dans d'immenses fosses, tous les morts frappés par le glaive. Au moins deux cent mille victimes depuis le commencement de la guerre, quel tas ! quel monceau montant jusqu'aux nues ! et quel engrais pour la terre ! Laboureur, n'y mets point de fumier pendant des années. Là est l'enfant du Croissant, et sa multitude, et leurs sépulcres, et, au fond des sépulcres, sous les têtes, leurs cimeterres : ils sont morts en héros. Là l'immortel chef des Anglais, et sa multitude, et leurs sépulcres, et, au fond des sépulcres, sous les têtes, leurs glaives : ils sont morts en héros. Là le chef des Italiens, et ses braves, et leurs sépulcres, et, au fond des sépulcres, sous les têtes, leurs glaives : ils sont morts en héros. Là le premier chef des Français, objet de nos plus vifs regrets et de nos larmes amères, et tant de braves généraux, et colonels, et commandants, et capitaines, et leur multitude, et leurs sépulcres, et, au fond des sépulcres, sous les têtes, leurs glaives : ils sont morts en héros, en héros d'un immortel souvenir. Et le

Czar, lui, déjà plongé dans la profondeur du ténébreux empire, au milieu du peuple éternel, a vu toute cette multitude des alliés, et leurs sépulcres autour de son sépulcre, et il s'est consolé de toute sa multitude dévorée par le glaive, lui, Pharaon moderne, et son nombre innombrable et sa multitude immense. *Vidit eos Pharao, et consolatus est super universâ multitudine suâ, quæ interfecta est gladio; Pharao, et omnis exercitus ejus.* Eze. 32, 31.

Français, vous, enfants de mon peuple, comment ne pas faire de vous l'objet de mon attention particulière! Mais vous admirerai-je? ou dirai-je à mes yeux : Mes yeux, commencez, et ne cessez pas de répandre des torrents de larmes? Je vous admirerai, et je vous arroserai de mes pleurs. De grandes choses ont été dites de bien des guerriers des jours anciens, eux, terribles comme le lion, ardents comme le loup qui s'élance dans les ténèbres, rapides comme l'aigle et le léopard; lançant leurs flèches, et elles ne revenaient pas altérées de la graisse et du sang; ni leur glaive ne sortait point oisif des combats, et leur carquois était un sépulcre ouvert. Ils s'élançaient sur leur proie, ils l'enlevaient, et nul ne la leur ravissait. Vainement la flamme de la lance et du javelot étincelait devant eux, ils ne s'en émouvaient pas. Les plus terribles forteresses étaient pour eux sans remparts; ils ouvraient la tranchée, ils étaient dans la place. Tout ceci, beau, grand, admirable, glorieux; mais qu'est-ce en comparaison de ce que vous avez fait? Enfants de mon peuple, vous, braves, vous, héros, la France vous doit beaucoup, et elle l'avoue; mais son amertume est grande, et sa désolation est extrême. Étendant les mains, et gémissant, et pleurant, elle dit : J'ai nourri des enfants, et je les ai élevés, et une terre lointaine me les a dévorés. Ah!

qu'on ne m'appelle point grande, puissante, immortelle, moi, veuve, désolée, privée de mes enfants nombreux. L'Empereur n'est ni moins désolé ni moins affligé : il vous aimait, lui, et il voulait vous traiter en bon père, et votre sang lui était cher, et ce sang, il ne l'eût jamais exposé; mais le farouche Moscovite a tiré le glaive, et force lui a été de tirer le sien. Tous les Français vous pleurent; ah ! nos chers frères, disent-ils, vous, enfants de notre belle patrie ! ce qui nous console, c'est que vous viviez dans un grand souvenir de votre Dieu et de la Vierge. N'est-ce pas que vous pensiez souvent à ce Dieu, et que vous vous recommandiez à votre bonne mère, la Vierge, et que vous teniez à honneur d'avoir sur vous sa médaille ? Français, enfants de mon peuple, votre mémoire sera en bénédiction parmi nous, et votre souvenir ne s'effacera pas ; et que le Dieu de toute miséricorde reçoive vos âmes dans l'éternel repos.

Moscovite farouche, te complais-tu donc dans le sang et la ruine ! et le sang de tes sujets t'est-il si peu cher, et tes délices sont-elles dans leur ruine, et ne penses-tu qu'à faire leur tombeau de la vaste étendue de tes terres ! Remets, remets le glaive dans le fourreau ; le premier à le tirer, sois le premier à le rentrer. Le grand homme de l'Occident, agneau par lui-même, tu l'as rendu lion ; et le lion rugit, et tant que le glaive sera en ta main, ses rugissements seront de plus en plus terribles. Beau en tes branches, abondant en feuillage, magnifique en ta hauteur, il y a quelques années encore de plus grandes eaux t'ont nourri : tu as joint la Pologne à tes états. Alors ta tige s'est élevée au-dessus des arbres de la contrée, et tes rameaux se sont accrus, et tes branches se sont multipliées ; et ton cœur s'est enflé, et ta grandeur t'a aveuglé, et tu n'as pas pu te contenir dans tes terres, et tu as étendu ton âme comme l'enfer, et tu as été insatiable comme la mort. Eh bien ! la hache est dans la main des peuples, et cette parole pèse sur toi : Que l'arbre soit abattu, et que ses branches soient coupées; ses feuilles secouées, ses fruits dispersés. Et le temps vient, et il n'est pas éloigné, où les peuples te couperont et te renverseront, et où tes branches couvriront au loin les vallées, et où tes rameaux seront brisés sur tous les rochers. Alors tu ne t'élèveras plus dans ta grandeur, et tu ne porteras plus ta tête superbe au milieu de tes rameaux verdoyants et touffus, et tu ne seras plus debout dans ta hauteur. Et tous les arbres de la contrée se consoleront, et sur toi sera entendu ce chant lugubre : Comment a-t-il été coupé et renversé sur la terre, cet arbre, beau en ses branches, abondant en feuillage, magnifique en sa hauteur ?

Grand colosse, cachant ta tête dans les nues, de ta hauteur tu plonges des regards pleins d'orgueil et de mépris; mais voici venir les jours, et ils ne sont pas éloignés, où tu tomberas, et seras étendu sur toute l'étendue de tes terres, et les couvriras de tes débris. Un bras t'a été déjà coupé : tu n'as plus Sébastopol; à l'été prochain ! et l'autre bras te sera également coupé : tu perdras Cronstadt. Elle dit peut-être, elle, bâtie sur le roc : Qui m'atteindra, et me fera descendre d'ici? Ville superbe, quand tu élèverais ton nid aussi haut que l'aigle, quand tu te placerais parmi les étoiles, on saura t'en arracher, et les pierres solides de tes murs et de tes forts combleront le fond de l'abîme. Autrefois le Seigneur dit : Nabuchodonosor, roi de Babylone, a rempli mon ordre contre Tyr, et aucun salaire n'a été payé ni à lui ni à son armée : que l'Égypte lui soit donc donnée pour le prix de sa fidélité à remplir mon ordre contre Tyr; Cronstadt, tu seras de même le salaire des alliés pour leurs travaux dans la prise de Sébastopol, ta sœur. Et toi prise, Saint-Pétersbourg, ta mère, ne tiendra pas ; et si de là il faut aller plus loin, les braves du neveu se réjouiront, se glorifieront d'entrer, comme les braves de l'oncle, dans Moscou, ta grand-mère. Grand dragon, bête féroce, ne cessant d'agiter tes cornes, et de tout fouler sous tes pieds, à l'été prochain ! et un rets sera étendu sur toi, et tu seras pris, et l'on se rassasiera de tes chairs plus qu'on ne s'est encore rassasié jusqu'à présent ; et tu ne seras plus, grand empire, tu ne seras plus ; du moins tu resteras bien faible, et des chants lugubres seront entendus sur toi, les chants de ceux qui diront : Comment n'est-il plus le premier entre les empires ? et comment la désolation et la ruine sont-elles assises dans toute son étendue ?

Et, grands de Russie, peut-être que vous dites encore, et faites dire à votre souverain : Continuons, et ne perdons pas courage : nous sommes les fils des sages, descendus de rois puissants. Insensés ! un grand gouffre se creuse sous vos pas, et il vous dévorera ; un abîme immense, et il vous absorbera. Il a été écrit sur votre premier maître : *Mané*, c'est-à-dire Dieu a compté ton règne, et il l'a accompli ; et, en effet, il est entré dans la voie de toute la terre, et il a subi la loi commune à toute chair. Sur vous il est écrit : Thecel, Pharès, c'est-à-dire vous avez été mis dans la balance, et vous avez été trouvés trop légers, ayant peu de modération et d'humilité, et beaucoup d'ambition et d'orgueil ; et votre empire sera partagé, et ce qui appartenait à d'anciens maîtres, leur reviendra, et vous serez réduits à vos premières possessions.

Seigneur Dieu, éclairez les yeux des aveugles, et convertissez le cœur des insensés ; et qu'ils comprennent, et qu'ils voient ; et que le calme revienne, et que les larmes des familles finissent.

RÉFLEXION

SUR LA GUERRE.

LA guerre ne vient point de Dieu : Dieu est paix, et non agitation et trouble ; et ce qui est, il l'aime, et il ne hait rien de tout ce qu'il a fait ; et ce qu'il a fait, il veut qu'il subsiste, et non qu'il soit détruit. D'où viens-tu donc, guerre ? guerre, bête féroce, qui désoles tant la terre, d'où viens-tu ? Trois choses insatiables, et une quatrième qui ne dit jamais : Assez, qui au contraire dit toujours : Apporte, apporte : le feu, l'Océan, une terre aride et l'ambition. Et l'ambition dit à la guerre : Tu es ma fille, c'est moi qui t'ai enfantée.

Rien que Dieu ait autant frappé de ses plus terribles anathèmes que l'effusion du sang de l'homme, à cause que l'homme est fait à son image et à sa ressemblance ; mais nulle barrière pour l'ambition ; et Nemrod, son premier-né, fut un chasseur violent devant le Seigneur, chasseur plus d'hommes encore que de bêtes ; et depuis Nemrod, les quatre vents du ciel n'ont pas cessé de combattre sur la grande mer du monde ; et de la grande mer du monde sont sorties, dans tous les temps, toutes ces bêtes avides de chair, insatiables de sang, armées de longues dents terribles, foulant, brisant, broyant tout.

L'ambitieux me surprend et il ne me surprend pas : il me surprend en ce que pour avoir un peu plus de terre il s'agite et se débatte tant ; car quoi de plus vil et de plus méprisable que la terre, et tous les mouvements que se donne l'ambitieux ne tendent-ils pas à en avoir une plus grande étendue ? Il ne me surprend pas en ce que qui cesse de regarder le ciel, doit nécessairement regarder la terre. Il n'est pas plus difficile d'expliquer l'insatiabilité de l'ambitieux : des désirs infinis lui sont donnés à cause du Dieu infini qu'il est appelé à posséder ; mais le Dieu infini n'est pas l'objet de sa pensée, quoi que ce soit qu'il désire, il doit donc le désirer infiniment. Consolez-vous, consolez-vous, ambitieux, ce que vous désirez vous sera donné, et même au-delà ; car non seulement vous aurez de la terre, mais même vous serez identifiés avec elle : venus de terre, vous redeviendrez terre. Ainsi la guerre ne vient point de Dieu, mais de l'ambition. Ce que Dieu fait, il permet la guerre quand elle est juste ; quelquefois même il suscite l'esprit des nations et des peuples pour l'exécution de ses jugements sur les hommes ; et il est avec eux, et il agit par eux, lui, le Roi de la guerre, le Seigneur des armées. Les prévarications d'Israël allument sa colère, il élève son étendard à la vue des nations éloignées, et des extrémités de la terre, Assur accourt ; et le Seigneur le précipite sur Juda ainsi que les eaux impétueuses d'un torrent débordé, et il est entre ses mains comme un fer tranchant. Nabuchodonosor est le glaive par lequel il frappe les peuples, le marteau par lequel il les brise. Au sujet de ceux qu'il destine à la ruine de Babylone, il dit : J'ai donné mes ordres aux soldats que j'ai choisis, j'ai appelé mes braves dans ma colère : ma gloire les anime. La mère des fornications et des abominations de la terre, Rome païenne, s'enivre du sang des saints, du sang des martyrs de Jésus, et Dieu met dans le cœur des peuples de venir à sa ruine. Et afin que l'exécution de ses jugements soit sûre, il fait marcher son épouvante devant ceux qu'il envoie, et répand un esprit d'assoupissement et de vertige sur ceux qu'il veut perdre. Ma terreur marchera devant toi, dit-il à Israël, afin que tes ennemis soient saisis de crainte, et ressentent les douleurs de l'enfantement ; il répandit sur l'Égypte un esprit de vertige, et elle chancela comme un homme ivre ; et vainement l'Egypte interrogea sa sagesse. Il dit aux enfants d'Israël : Vous serez ivres, mais non de vin, vous chancellerez, mais non d'ivresse. Il donna à boire aux Chaldéens, et les Chaldéens s'assoupirent, et ils dormirent le sommeil éternel. Sans tout cela, qu'il vous suffise, Seigneur, de laisser les peuples entre les mains de leurs grandes prospérités : elles leur monteront à la tête comme un vin fumeux, et elles leur renverseront le sens ; et ils s'envelopperont, et ils s'embarrasseront dans leurs propres conseils ; et ils creuseront sous leurs pas le gouffre de la perdition, l'abîme de la ruine. Et voilà précisément ce qui est arrivé au Moscovite farouche : ivre de sa grandeur, aveuglé par sa puissance, il n'a pas pu se contenir dans ses terres, et il a étendu son âme comme l'enfer, et il a été insatiable comme la mort, et il a voulu faire de la Turquie ce qu'il a fait, il y a quelques années, de la Pologne ; il ne lui sert pas d'alléguer le motif de la religion, il n'est qu'un palliatif de sa folle et criminelle ambition. D'où il est aisé de voir que de son côté la guerre est inique. Et est-elle juste de la part des alliés ? et peut-on appeler injuste une guerre qui a pour but de conserver l'équilibre entre les puissances ? Napoléon Ier ne disait-il pas que qui aurait la Baltique et Constantinople, aurait les deux clefs de l'Europe ? et le Moscovite ne possède-t-il pas une des clefs ? et s'il venait à avoir l'autre, l'équilibre ne serait-il pas rompu ? Et les guerres entreprises contre les Maures furent-elles injustes ? injustes les Croisades ? inique le pape Urbain II qui, dans cette vue, assembla un concile ? inique Eugène III qui donna ordre à saint Bernard d'en prêcher une ? inique saint Bernard qui la prêcha en effet ? Plus tard encore les Espagnols et les Vénitiens qui allèrent arrêter la vaste inondation des Turcs, furent-ils iniques ? inique et homme de sang Pie V qui les y porta ? Si les chrétiens ne se fussent pas opposés au torrent des infidèles, ceux-ci auraient envahi toute la terre ; et, par toute la terre, sur les ruines de la religion du Christ, ils auraient établi celle de l'infâme Mahomet. De même, si les alliés ne fussent pas allés au secours de l'enfant du Croissant, le Moscovite l'aurait dévoré ; et il ne se fût pas encore contenu ; et insatiable de plus en plus, il eût répandu partout ses armées immenses, et il eût rendu schismatiques, comme lui-même, les pays conquis. Il a si terriblement persécuté les catholiques de ses états, combien plus n'aurait-il pas fait embrasser ses doctrines à ceux qu'il aurait soumis !

Ainsi la guerre est juste du côté des alliés, et le grand homme de l'Occident est le Nabuchodonosor moderne, le glaive que le Seigneur fait planer sur les ambitieux et les perturbateurs, le marteau par lequel il les brisera. Et le grand homme de l'Occident est le Cyrus de nos jours, l'homme de la volonté du Très-Haut. Et les alliés sont les Chaldéens de qui il est dit : Ce sont des hommes justes ; *viri justi sunt.* Eze. 23, 45, c'est-à-dire exécuteurs de la justice de Dieu. Et les alliés sont les soldats marchant

sous le commandement de Cyrus, de qui Dieu même dit :
J'ai donné mes ordres à ceux que j'ai sanctifiés, choisis : *Ego mandavi sanctificatis meis*. Is. 13, 3. Tous les
prélats de France ont fait chanter des actions de grâces
sur la grande victoire qui a été remportée ; l'auraient-ils
fait s'ils avaient cru la guerre injuste ?

Ainsi, Moscovite farouche, notre cause est juste, et la
tienne est inique. Vainement tu allègues l'orthodoxie de
ta foi, elle ne couvre point ta folle et criminelle ambition.
Si ta foi était telle, Dieu ne serait-il pas avec toi ? Pourtant vois comme il te laisse égorger. Cesse, malheureux,
cesse : la voix du sang monte en foule contre toi vers le
trône de l'Éternel, la voix du sang de tes sujets, la voix
du sang des peuples.

Seigneur Dieu, éclairez les yeux des aveugles, et convertissez les insensés ; et qu'ils voient leur folie, et qu'ils
reviennent à d'autres sentiments.

LAMENTATIONS

SUR L'ÉPIDÉMIE.

COMMENT a-t-elle été vue assise solitaire, la ville si pleine
de mouvement, à face si riante? et comment a-t-elle été
triste, morne, silencieuse comme la nuit, la campagne
si gaie, si contente? La joie a fui la ville; et sa lyre aux
sons si mélodieux a été muette; et ses ravissants concerts
se sont tus; et des larmes amères ont coulé sur ses joues,
des larmes amères le jour, des larmes amères la nuit:
*Plorans ploravit in nocte, et lacrymæ ejus in maxillis
ejus.* Lam. 1, 2. Passant, je considère ses rues, elles pleurent encore, pleurent ses portes, pleurent ses places publiques. Et la gaieté a fui la campagne, et ses doux chants,
ses chants si agréables n'ont pas été entendus, et ses yeux
aussi ont été deux sources de larmes amères. Passant, je
considère ses chemins, ils gémissent encore, gémissent
ses champs, gémissent ses sentiers.

J'ai nourri des enfants, a dit la Ville, et je les ai élevés;
et mes enfants, avec quel bonheur ne les voyais-je pas
dans mes rues, sur mes places publiques! Ces enfants de

mes soins chéris, de ma tendre sollicitude, je les cherche, où sont-ils ? Ah ! une mort terrible me les a enlevés. Vous tous qui passez par le chemin, considérez et
voyez s'il est une douleur comme ma douleur, parce que
le Tout-Puissant a foulé contre moi le pressoir de son indignation et de sa fureur. Seigneur, que ma tribulation ne
se taise point devant vous, et prêtez l'oreille à la voix de
mes pleurs, parce que je suis pleine de désolation et d'a-
mertume. J'ai nourri des enfants, a dit aussi la Campagne,
et je les ai élevés ; et mes enfants passant par mes voies, et
allant à leur travail du jour, et cultivant mes champs, et
faisant retentir l'air de leurs chants joyeux, étaient le
charme de mes yeux, les délices de mon cœur ; ces enfants de mes soins, et de mes veilles et de mes sueurs,
je les cherche, où sont-ils ? Ah ! une mort cruelle me les
a enlevés. Vous tous qui passez par le chemin, considérez
et voyez s'il est une douleur comme ma douleur, parce
que le Tout-Puissant m'a visitée au jour de son indignation et de sa fureur. Seigneur, que mon angoisse soit devant vous, et n'oubliez pas l'amertume et l'absinthe dont
vous m'avez nourrie.

Sion, dit Jérémie, a tendu les mains, et personne qui
la console : ceux qui lui étaient chers l'ont méprisée,
et se sont faits ses ennemis. Ici les consolateurs n'ont pas
manqué ; mais les consolateurs, à quoi bon ! Que nul ne
s'approche de moi, a dit la Ville, et ne me console, et
ne m'appelle Belle, mais *Mara*, Amère, parce que le
Tout-Puissant m'a remplie d'une grande amertume, moi,
veuve, désolée, privée de mes enfants nombreux. Loin
de moi, loin de moi, a dit aussi la Campagne, vous tous
qui cherchez à me consoler ; désormais mon nom, le
voici : INCONSOLABLE.

O jours que ces derniers jours ! jours que l'oubli ne

couvrira pas, et qu'on se rappellera dans la suite des âges. Hommes de la multitude des années, vieillards au front blanchi par le temps, en avez-vous jamais vu de semblables ? Pendant que tout reposait dans le silence, et que la nuit était au milieu de sa course, la parole toute-puissante du Seigneur fondit sur une terre de mort; et un glaive aigu portant son arrêt irrévocable marcha sur la terre d'Égypte : il y marcha dans le tourbillon de la colère du Seigneur, dans la tempête de sa fureur; et la terre d'Égypte, il la remplit de meurtre; et, se tenant sur la terre, il atteignait le ciel. Et au temps des prévarications de Juda, le Seigneur dit : Je tirerai l'épée du fourreau, et toute chair saura que moi j'ai tiré du fourreau mon irrévocable épée, et que j'ai répandu à toutes les portes l'épouvante de l'épée, polie pour briller, et aiguisée pour le meurtre. Va donc, épée, va à droite ou à gauche selon que ta soif te portera. Et la grande épée du Seigneur alla partout où sa soif la porta, elle, frappant de stupeur, desséchant les cœurs, multipliant la ruine. De même, ces derniers jours, le Seigneur Dieu a fait entendre son sifflet, et un cheval pâle a paru, et quelqu'un dessus, ayant nom *Abaddon*, *Apollyon*, Exterminateur, ou Fléau; et, venant, le Fléau a dit : Me voici, et la puissance a été donnée au Fléau, et il lui a été dit : Regarde, tous ces pays sont la victime qui t'est immolée. Va donc, et exécute les pensées de celui qui t'envoie; le Seigneur des vengeances est son nom. Et, sur son cheval pâle, le Fléau est venu au milieu de nous, avec deux satellites terribles : l'Épouvante qui le précédait, et la Mort qui marchait à sa suite. Il avait lui-même une grande faux, et ce nom était donné à la faux : Multitude; et, en effet, grande faux du Fléau, faux terrible, quels coups tu as portés ! toute la terre en est encore interdite, stupéfaite. Un homme mange dans la joie de son âme, et il dit : Qu'ai-je ? et on l'emporte, et, en un moment, il n'est plus. Il converse dans toute la gaieté de son cœur, et il se plaint, et on l'emporte, et on dit : Il n'est plus. Deux hommes, dit l'Évangile, seront dans un champ, et l'un sera pris, et l'autre sera laissé ; et ici aussi deux hommes sont dans un champ, et l'un retourne, disant : Mon compagnon n'est plus : il est tombé mort à mon côté. L'un travaille à son bureau, l'autre à son art, et ils expirent la plume et le pinceau à la main. L'un part pour le marché, et l'angoisse le saisit en route, et il rentre chez lui le dernier soupir sur les lèvres ; l'autre y fait bien ses affaires, et le soleil du lendemain ne se lève point sur lui. Celui-ci va se coucher, et il fait entendre des cris plaintifs, et on accourt, et on le prend, et il expire entre les bras de ceux qui le portent. Celui-là mange et boit comme dans les jours de sa plus grande santé, et pour le lendemain matin son lit est devenu son tombeau. Tel a été emporté, le soir, à sa dernière demeure, qui, le matin, y avait accompagné l'homme de son voisinage. Eût-il cru que le mort lui disait : Maintenant à moi, et tantôt à toi ! Que de lieux où le fils est tombé sur le corps du père, la fille sur le corps de la mère, l'époux sur le corps de l'épouse, l'enfant sur le corps du vieillard ! La maison d'où sortaient sept, huit personnes, n'en voit plus sortir que deux, trois. Parole d'un prophète : L'homme qui viendra enlever les cadavres, dira : Y a-t-il encore des morts ? et il lui sera répondu : Comment y en aurait-il ! je suis le seul qui sois resté. De même il y a eu des familles où il n'est resté qu'un membre. J'ai le cœur attendri, et les entrailles émues, et les larmes me viennent aux yeux au souvenir de cette jeune personne gardant sa maison jusqu'à l'entier accomplissement de ses devoirs envers ses père et mère, ses frères et sœurs, et puis s'en allant, et le lieu de sa fuite devient son tombeau. Pauvre personne, que vous méritiez un autre sort! mais tel a été sur vous le jugement de Dieu. Nul doute qu'il ne se soit hâté de vous donner la récompense due à votre grande, belle et généreuse âme. Les maisons, dit un prophète, seront fermées parce qu'il n'y aura plus personne qui y entre. Et certainement il y a eu des maisons où toutes les personnes ont été victimes; et même en Espagne n'a-t-on pas vu des familles entières se vider dans l'espace de vingt-quatre heures? Quelle proie pour toi, ô Mort! Mort, quelle moisson! quelle pâture! comme ta bouche s'est ouverte! et comme tes entrailles se sont dilatées! Fossoyeurs, vous êtes-vous jamais vus en si grand nombre dans le champ de la Mort? Seigneur, quelle désolation vous avez amenée sur nous! et au sein de quelles horreurs vous nous avez fait passer ces derniers jours! Ne les voilez pas, ces horreurs, mais qu'elles soient en votre présence. Vous tous qui en avez été témoins, racontez-les à vos enfants, et que vos enfants les racontent à leurs fils, et leurs fils à l'autre génération.

N'est-il pas de remède en Galaad, s'écrie Jérémie? et n'y a-t-il pas de médecin en Israël? Pourquoi donc la blessure de la fille de mon peuple n'a-t-elle pas été fermée? Ici non plus les médecins n'ont pas manqué; et, outre les médecins des lieux, il y en a eu d'étrangers; mais qu'ont fait les médecins, et qu'ont-ils vu? Les ténèbres ont été dans les uns, et la lumière n'a pas lui sur les autres. Vainement agit quelquefois le pilote au sein des ondes courroucées, la violence de la tempête absorbe sa sagesse; et autrefois le Seigneur disait: La sagesse n'est-elle pas en Théman, la prudence sur la montagne d'Esaü? Comment donc les enfants d'Idumée sont-ils sans conseils, et leur science est-elle inutile ? Et ainsi a été l'art des médecins : ils n'ont pu rien, ou ils n'ont fait que peu en présence de la grandeur du mal. *Omnis sapientia eorum devorata est.* Ps. 106, 27. Seigneur, que peut l'homme quand un fléau est envoyé de vous sur la terre ! En sorte que la ruine de la faux a été grande, grand le nombre des victimes. Particulièrement dans quelques lieux le fléau a été comme ces serpents que les enfants d'Israël rencontrèrent dans le désert, et qui brûlaient par leur souffle.

Cet ordre a été donné dans la ville : Qu'une voiture soit faite pour transporter les morts ; et les morts, elle devait les prendre au sein des ténèbres. Acte de prudence, cet acte ; mais en a-t-il plus banni la peur ? Habitants de la ville, quelles nuits pour vous ces nuits dernières ! Comme plus d'une fois vous avez appelé le sommeil ! et il ne venait pas ; le repos ! et il fuyait vos paupières. La sentinelle est agitée à l'approche de l'ennemi, et ainsi vous avez été au souvenir de la voiture funèbre ; ne vous a-t-elle pas fait même quelquefois réveiller en sursaut ? Et quand vous l'entendiez sourdement rouler sur le pavé, vos cœurs ne battaient-ils pas ? vos oreilles ne tintaient-elles pas ? Et quand elle s'arrêtait à quelque porte voisine, l'épouvante et la frayeur ne montaient-elles pas en foule dans vos âmes ? Ne vous semblait-il pas voir la mort elle-même placarder aux murs des uns : Aujourd'hui à celui-ci, demain à toi ? aux murs des autres : Règle tes affaires, parce que tu mourras aussi, et que tu ne vivras pas ? aux murs de ceux-ci : Tu ne sortiras pas du lit où tu es monté ? aux murs de ceux-là : Encore un jour, deux jours, et l'on dira sur toi : Ah ! notre frère ? Que dis-je ? ne croyiez-vous pas l'entendre frapper à vos portes, et les rompre, et monter à pas de gendarme, pour vous prendre, et vous emporter, et vous jeter dans la voiture funèbre ?

Les prophètes, pour exprimer un grand abattement, une consternation profonde, parce qu'en effet tout semble confondu, bouleversé pour celui qui l'est en lui-même, disaient : Le soleil s'obscurcira, la lune pâlira, et les étoiles ne donneront point de lumière. Et, ces derniers jours, pour combien le soleil ne s'est-il pas obscurci, et la lune n'a-t-elle pas pâli, et les étoiles n'ont-elles pas été sans lumière ! Il y aura, dit l'un d'eux, un jour, qui ne sera ni jour ni nuit : il ne sera pas jour à cause de la désolation dans laquelle on sera plongé ; et il ne sera pas nuit, parce que ce temps est destiné au repos, et que le repos fuira la paupière de l'homme. Et n'est-ce pas ce qui a eu lieu dans bien des endroits de la ville et de la campagne ? Surtout, Ville qui as été foulée par la voiture funèbre, ton nom, en ces jours, n'a pas été celui que tu portes, mais Épouvante de toutes parts ; Épouvante, Consternation, Abattement.

Vierge, fille de Bayonne, la gloire de notre pays, toi, NON JAMAIS POLLUÉE, que ne l'as-tu été à tous égards ! Mais sur toi aussi s'est appesantie la main du Seigneur, et le fléau t'a visitée ; et son cheval pâle a foulé tes rues ; et sur ton pavé a roulé la voiture funèbre. La voiture funèbre, quelle horreur pour toi ! quelle épouvante ! et si ceux des tiens qui ont été plongés dans la profondeur de la fosse, au milieu du peuple éternel, pouvaient parler, parmi eux ne s'en trouveraient-ils pas qui diraient : Ce qui a été fait pour ôter la peur, est précisément ce qui nous l'a donnée : la voiture funèbre a été cause de notre mort ?

Ceux des enfants de Juda que Nabuchodonosor laissa à Jérusalem après le départ des autres pour la captivité, s'enfuirent de là à cause de leur affliction et du fardeau de leur esclavage; ils habitèrent parmi les nations, et parmi les nations nul repos pour eux : les Chaldéens, leurs persécuteurs, vinrent, et ils les prirent au milieu des angoisses. Bien des riches ont fui de même à cause du fléau; et le fléau d'aller au lieu de leur fuite; et eux de fuir encore, et le fléau d'être à leurs trousses, et de les poursuivre, comme l'ombre, celui qui la forme; en sorte qu'ils ont pu dire : Les renards ont des tanières, et les oiseaux du ciel, des nids; mais nous, nous n'avons pas où reposer notre tête : comme l'ombre ne s'arrêtant nulle part, et comme la sauterelle sautant çà et là, ainsi nous sommes.

Je vais à la ville, je vais à la campagne, et partout, dans les champs et les rues, sur les voies et dans les marchés, des personnes vêtues de deuil. L'on se rencontre à la ville, l'on se rencontre à la campagne, et partout des visages tristes, abattus, indices de la grande plaie qui a eu lieu ; et souvent les soupirs et les larmes des uns répondent aux soupirs et aux larmes des autres. Seigneur Dieu, quelle désolation vous avez amenée dans nos contrées, et dans quelle affliction vous nous avez plongés! Vous tous que le fléau n'a pas visités, et qui savez ce qui nous est arrivé, compatissez à notre malheur. Il est des monuments que l'on élève contre l'oubli; ici nul besoin de monument : le souvenir de chacun sera son monument, et un monument de bien longue durée.

CONSIDÉRATIONS

PARTICULIÈRES.

Serai-je imprudent et cruel de passer de ces considérations générales sur les ravages de l'épidémie à des considérations particulières ? Vous tous dont je rouvrirai peut-être les plaies encore saignantes, et renouvellerai les larmes non encore bien taries, pardonnez-le-moi ; pardonnez-moi si ce que je vais dire est un glaive de douleur pour vos âmes.

Nous venions de perdre notre bon père, ont dit des enfants, et voici que la mort nous ravit notre chère mère. Vous tous qui savez ce qui nous est arrivé, dites si nous pouvions éprouver quelque chose de plus désolant et de plus cruel. Consolez-vous, enfants ; enfants, consolez-vous : du haut du ciel le Seigneur vous dit : Je ne vous laisserai pas orphelins ; mais je serai votre père ; et, en effet, il vous a pris pour ses plus chers enfants. Ames bonnes, tendres et compatissantes, si parmi ces enfants il en est de malheureux et d'infortunés, revêtez à leur égard les entrailles de Dieu même, et appliquez-vous ces paroles :

Le pauvre vous est laissé, et que l'orphelin trouve en vous son appui; *tibi derelictus est pauper: Orphano tu eris adjutor.* Ps. 9, 32; faisant ainsi, vous serez vous-mêmes les enfants bien-aimés du Très-Haut, et le Seigneur aura compassion de vous plus qu'une mère, et un jour vous entendrez de sa bouche ces paroles consolantes : Venez, les bénis de mon père; possédez le royaume qui vous a eté préparé dès le commencement; car j'ai eu faim, et vous m'avez donné à manger; j'étais nu, et vous m'avez revêtu; j'étais orphelin, et vous m'avez recueilli. Et vous direz : Seigneur, quand est-ce que nous vous avons vu avoir faim, et que nous vous avons donné à manger? quand vous avons-nous vu nu, et vous avons-nous revêtu? quand vous avons-nous vu orphelin, et vous avons-nous recueilli? Et le Seigneur, repondant, vous dira : Toutes les fois que vous avez fait ainsi à un de ces petits, vous l'avez fait à moi-même.

Il était heureux, ce père vivant dans l'aisance, ce père riche : comme de jeunes oliviers, ainsi des enfants charmants entouraient, le jour, sa table; et, le soir, ils jouaient sur ses genoux; et le bonheur de la mère se renouvelait chaque fois qu'elle les voyait. Et voilà qu'ils n'ont plus leurs chers enfants : le cruel fléau les leur a ravis. Pauvre père, quelle douleur, votre douleur! et mère à cœur tendre, quelle désolation, votre désolation! L'enfant que Rachel mit au monde au milieu de grandes angoisses, elle l'appela Bénoni, c'est-à-dire fils de ma douleur; voici, voici de véritables Bénoni, tant d'enfants arrachés au cœur de pauvres parents; et, encore, arrachés comment? Agar n'ayant plus de quoi nourrir son enfant dans le désert, le laissa sous un arbre, disant : Je ne veux point voir mourir mon fils; et tant de bons parents ont vu de leurs yeux leurs enfants succomber aux horreurs du fléau; quelle n'a donc pas été leur douleur! C'en est fait! dit Jacob à la nouvelle du triste sort de Joseph, c'en est fait! je descendrai avec mon fils au tombeau. Et quand David apprit la mort de son fils Absalon, il monta à sa chambre, s'écriant et disant : Absalon, mon fils! mon fils, Absalon! que ne puis-je mourir pour toi! Absalon, mon fils! mon fils, Absalon! Et Rachel ne voulut pas être consolée, parce que ses enfants n'étaient plus. Que de familles où l'on a entendu quelque chose de semblable, et où l'on a vu le même état inconsolable! Encore aujourd'hui voyez ce père, seul, de temps en temps, comme le passereau du désert, la tête appuyée sur la main, et laissant tomber de grosses larmes; et la mère fait-elle autre chose que gémir et pleurer? Au salon, à table ils se regardent, et les soupirs de l'un répondent aux soupirs de l'autre. Les meilleurs mets leur sont servis, et bien de fois, ils les touchent et les laissent: leurs enfants n'entourent plus leur table. Leur or est pâle, et leur argent ne brille pas. Ils ont tout, et ils n'ont rien : leurs enfants ne sont plus, ces chers enfants, leur seule richesse, leur bonheur unique. Parents, modérez votre douleur : du séjour de la gloire céleste, vos enfants vous disent avec ce doux et charmant sourire qui leur était ordinaire : Consolez-vous, notre bon père; notre chère mère, consolez-vous : la pureté et l'innocence revêtaient nos âmes; c'est pourquoi le Seigneur nous a reçus en la compagnie des anges et des saints. Peut-être qu'une plus longue vie nous aurait rendus éternellement malheureux.

Quand le jeune Tobie partit pour un pays lointain, sa mère, fondant en larmes et inconsolable, disait : Hélas! mon fils, pourquoi t'avons-nous laissé aller, toi, la lumière de nos yeux, le bâton de notre vieillesse, la consolation de notre vie? Une voix plus désolante et plus amère a été entendue, la voix de la veuve, disant : Mon fils, mon bien-aimé fils, toi, le souffle de ma bouche, l'unique soutien de mes vieux jours, tu n'es donc plus ! A la mort de mon mari, je dis : Voilà que je me reposerai à l'ombre de mon fils ; et tu m'es ravi ; tu m'es ravi, mon fils, mon bien-aimé fils. Seigneur Dieu, voyez mon affliction, et n'oubliez pas ma détresse, vous, appui de l'orphelin et de la veuve.

Mon mari, mon cher mari, a dit la jeune femme, pourquoi m'as-tu vue? et pourquoi t'ai-je connu? Valait-il la peine de nous unir, pour être si tôt et si cruellement séparés ! Vous tous qui savez ce qui m'est arrivé, ne m'appelez plus *Noëmi*, Belle ; mais appelez-moi *Mara*, Amère, parce que le Très-Haut m'a remplie d'une grande amertume, moi, privée de l'époux de ma jeunesse. Nous étions heureux, ont dit des enfants sortis d'un sein commun : un même cœur était à nous, une même âme, et voilà que nous avons perdu notre bon frère, et que notre chère sœur nous a été ravie.

Les prophètes, pour dépeindre la grande désolation dans laquelle les hommes seraient plongés, disaient : Ils pleureront comme la jeune épouse sur l'époux de sa jeunesse, comme les parents, sur leur premier-né, sur leur fils unique. Une trop triste réalité a pris ici la place de la comparaison. Appelez, disaient-ils encore, les femmes qui pleurent les morts, et qu'elles viennent ; envoyez à celles qui sont les plus habiles, et qu'elles se hâtent : qu'elles se hâtent et qu'elles commencent les lamentations. Certes, ici nul besoin d'appeler des personnes gagées pour pleurer : les larmes de chacun ont suffi. Combien de malheureux qui ont pu dire : Mon œil a desséché, consumé mon âme! *Oculus meus deprœdatus est animam meam.* Lam. 3, 49.

Comme l'on sait, une grande lutte a eu lieu en Orient pendant que l'épidémie sévissait parmi nous ; et de la terre d'Orient des extraits mortuaires ont été envoyés ; et envoyés à qui ! La nouvelle de la mort a été envoyée à des morts. Et vous, pauvres soldats, n'avez-vous pas écrit à vos pères et mères, à vos frères et sœurs, à vos parents et amis, pour leur annoncer le gain de la victoire ? Ah ! pourquoi la plume ne vous est-elle pas tombée des mains ! Ils ne sont plus vos pères et mères, vos frères et sœurs, vos parents et amis ; ils ne sont plus ; un grand fléau les a enlevés. Vous pensiez à les revoir un jour, et à vous réjouir avec eux de votre belle et glorieuse campagne ; vaine espérance ! attente inutile !

Et vous, marins de Terre-Neuve, n'avez-vous pas fait votre traversée pleins de contentement et de joie au souvenir de vos pères et mères, de vos femmes et de vos enfants, de vos frères et sœurs, que vous alliez voir et embrasser ? Et voilà que vous avez mis le pied hors du bâtiment, et vos yeux ont cherché, et la tristesse a été dans votre âme, et vous avez dit : Où sont mon épouse et mes enfants, mes frères et sœurs, qui, les années passées, venaient ici, et s'empressaient de m'embrasser ? Et les habits de deuil, et les soupirs et les larmes de quelque personne qui était venue vous voir, vous ont répondu. Et vous vous êtes dirigés vers votre pays ; et, à votre approche, le seuil de votre porte a gémi ; gémi, pleuré l'intérieur de votre maison ; et vous êtes entrés, et ceux des vôtres que le fléau a épargnés, vous ont arrosés de leurs larmes, et vous les avez arrosés des vôtres. Poids immense de désolation et de tristesse, voilà ce que vous avez eu à la place de cette joie et de ce contentement des années passées. Pauvres marins, était-ce là ce qui vous attendait après tant de fatigues, de travaux durs, de périls et de dangers ?

Qui que vous soyez, vous tous qui pleurez les chers objets de vos vifs regrets, ne cessez point de prier pour eux, afin que s'ils sont dans le lieu d'expiation, ils en soient délivrés au plus tôt. Vous avez tant fait pour les arracher au fléau, comment les oublieriez-vous maintenant qu'ils sont entre les mains de la justice divine? Seigneur Dieu, inclinez vers eux les cœurs de ceux qui leur survivent; et, vous, recevez-les au plus tôt dans l'éternel repos.

DE QUELQUES

HOMMES ECCLÉSIASTIQUES

VICTIMES DU FLÉAU.

Prêtre, puis-je ne pas consacrer des larmes particulières à de chers confrères, victimes du fléau ? Comment, s'écrie Jérémie, les pierres du sanctuaire ont-elles été dispersées à l'entrée de toutes les places publiques ? Et moi je dis : Comment ont disparu, et disparu si vite les uns après les autres, tant d'hommes ecclésiastiques, eux, véritables pierres de la maison de Dieu ? Deuil, larmes, désolation, voilà ce qui a été vu dans les rues de Saint-Jean-de-Luz et de Ciboure à la mort de leurs bons pasteurs. Et en effet, habitants de ces lieux, n'avez-vous pas été profondément affligés, désolés ? et n'avez-vous pas dit : Vous qui passez par le chemin, considérez et voyez s'il est une douleur comme notre douleur, parce que nos bons et bien-aimés pasteurs ne sont plus ? Le curé de Saint-Jean-de-Luz, quel saint, digne et respectable ecclésiastique ! Et l'or le plus pur ne revêtait-il pas l'âme d'un curé de Ciboure ? Richesse de cœur, richesse d'esprit, richesse de caractère, que n'avait-il pas !

Chers et bien-aimés confrères, que vous étiez près l'un de l'autre par votre position, et que de près vous vous êtes suivis au tombeau ! Si unis dans la vie, vous n'avez pas été séparés même dans la mort ; *in morte quoque non sunt divisi.* 2. R. 1, 23. Vous ne l'êtes pas même dans l'éternité. Où je suis, dit le Sauveur, là sera mon ministre ; et où il est, lui, le Prêtre Éternel qui vous avait associés à son sacerdoce, là vous êtes aussi : un don choisi a été accordé à vos belles vertus, une part brillante dans la maison du Seigneur.

Les larmes des habitants de Saint-Jean-de-Luz sur la mort de leur pasteur n'étaient pas encore séchées, et voilà qu'ils se sont écriés, disant : Vous qui passez par le chemin, considérez et voyez s'il est une douleur comme notre douleur, parce que le Seigneur a ajouté désolation à notre désolation, angoisse à notre angoisse : nous venions de perdre notre bon curé, et voici que notre bien-aimé vicaire nous est ravi ! Vous toutes, personnes de près et de loin, qui savez ce qui nous est arrivé, dites si nous pouvions éprouver quelque chose de plus désolant et de plus cruel. Habitants de Saint-Jean-de-Luz, votre douleur est juste, et votre désolation se conçoit : votre vicaire était du nombre de ces hommes qui épargnent la peine de les louer, tant leur mérite est au dessus de toute louange ; aussi, à la nouvelle de sa mort, n'y a-t-il eu que deuil, tristesse et larmes dans tous les lieux, théâtre de son vicariat et de ses missions. Bon, cher et bien-aimé confrère, pourquoi avez-vous été ravi à ceux qui vous chérissaient tant, vous, charmant, adoré, plein d'avénir ?

On a le cœur attendri, et les entrailles émues et les larmes viennent aux yeux au souvenir du colloque touchant entre le pape Saint-Sixte, et Laurent, son diacre.

Pendant que l'on conduisait le pape au supplice, Laurent lui dit : Mon père, où allez-vous sans votre fils ? où allez-vous, saint pontife, sans votre diacre ? Le pape lui répondit : Mon fils, je ne vous abandonnerai pas : vous me suivrez dans quelques jours. Qui ne se représente le même colloque entre le curé de Saint-Jean-de-Luz et son bien-aimé vicaire ! Que vous l'ayez tenu ou non, vous voilà, chers confrères, comme Sixte et Laurent, au sein de la même gloire, associés à la même félicité.

Au loin a été entendue une voix ; voix de deuil, de gémissements et de larmes, cette voix aussi : la voix des habitants de Mauléon privés de leur bon, digne et incomparable pasteur. M. Landerretche est cet ecclésiastique qui, vicaire encore, précha à la Cathédrale de Bayonne un si beau discours sur l'éducation, que les auditeurs dirent : Si le Roi l'eût entendu, il l'aurait fait le précepteur de son fils. Je ne le loue pas, parce que ses œuvres le louent assez. Ange à l'extérieur, il ne l'était pas moins à l'intérieur. Qui l'a connu, ne l'a appelé autrement que bon, saint, charmant, ami des hommes. Sa mémoire sera comme un parfum suave, et son souvenir, doux à la bouche de tous les hommes comme ces mets que l'on savoure avec délices.

Et comment est tombé cet autre, puissant en œuvre et en parole ? Le poste qu'il occupait avant de se mettre missionnaire indépendant, ne suffisait pas à son âme ardente : il lui fallait un plus grand théâtre ; et ce théâtre où il s'était tant distingué dès les premières années de son sacerdoce, avec quelle gloire ne l'occupait-il pas encore ! Le Sauveur dit à ses apôtres : On dira faussement de vous toute sorte de mal à cause de mon nom ; et des langues malignes avaient fait de cet ecclésiastique le but de leurs noires calomnies. Mais dormez, dormez

tranquillement votre sommeil, cher confrère : vos plus
grands ennemis sont aujourd'hui ceux qui vous louent
le plus.

Qui donnera de l'eau à ma tête, et à mes yeux une fon-
taine de larmes afin que je pleure sur tant d'autres hommes de Dieu, non moins dignes de nos plus vifs regrets,
et que le fléau a emportés ! Cher diocèse, quelles pertes
tu as faites ! et quels hommes t'ont été ravis ! Vous tous
qui les avez perdus, ayez leur souvenir dans le cœur comme des caractères gravés sur le plomb avec un style de
fer, ou sur l'airain avec un ciseau. Dites : Si nous vous
oublions, nos bons prêtres, nos chers pasteurs, que notre droite s'oublie elle-même, et que notre langue s'atta-
che à notre palais, si nous vous perdons de vue, si vous
n'êtes pas, nos bons prêtres, nos chers pasteurs, les pre-
miers-nés de notre souvenir. La plupart d'entr'eux ont
été victimes plus encore de leur dévouement et de leur
zèle pour vous que de l'épidémie.

Chers confrères, vous, objets de notre douleur amère,
vous ne serez pas moins présents à notre souvenir ; tous
les jours, sur l'autel où vos pures mains ont offert tant
de fois la victime sans tache, nous vous recommanderons
à notre Père Commun, afin que si vous êtes dans le lieu
d'expiation, vous en soyez délivrés au plus tôt.

Faisons ainsi, nous, prêtres qui pleurons nos chers
confrères ; pour eux élevons vers le ciel des mains sup-
pliantes, et marchons dans la voie des belles vertus dont
ils nous ont laissé l'exemple. Que la mort du saint prêtre
est précieuse devant le Seigneur ! et quel doux parfum,
quel parfum délicieux exhale sa mémoire !

DÉVOUEMENT, ZÈLE.

Quels beaux exemples de dévouement et de zèle durant les jours de l'épidémie ! Ces exemples, l'admiration des anges et des hommes, les passerai-je sous silence ? Que pour les retracer mon cœur soit fécond, et que ma plume ne soit pas stérile.

Le pontife du Seigneur a vu, et les entrailles du pasteur du diocèse ont été émues, et il a dit ; il a dit, le père de son peuple : Allons, et voyons ceux des enfants de mon peuple en proie au fléau, et apportons-leur le baume de la consolation ; et si, à cause d'eux, quelque chose de fâcheux doit m'arriver, que la volonté de Dieu soit accomplie. Je suis le bon pasteur : le bon pasteur donne sa vie pour ses brebis. Le mercenaire, et celui qui n'est point pasteur, à qui n'appartiennent pas les brebis, laisse les brebis, et s'enfuit. Le mercenaire s'enfuit, parce qu'il est mercenaire, et qu'il n'a pas soin des brebis : je suis le bon pasteur, et je connais mes brebis, et mes brebis me connaissent, et je donne ma vie pour elles. Le serviteur n'est pas plus grand que le maître, ni l'apôtre plus grand que celui qui l'a envoyé : le maître a donné sa vie pour ses brebis ; et moi aussi, s'il le faut, je veux donner ma vie pour mes brebis. O le beau, le touchant et attendrissant spectacle que celui d'un évêque se transportant sur les lieux de l'épidémie, et allant de maison en maison, et visitant ceux des enfants de son peuple en proie au fléau, et les exhortant et les consolant, et leur prodiguant l'or de la charité et l'or matériel ! Et y a-t-il de diocèse où l'épidémie soit entrée, et où un pareil spectacle n'ait pas été vu? Seigneur Dieu, s'écrie le Prophète-Royal, vous avez remué, retourné le lit de l'homme dans son infirmité; *universum stratum ejus versasti in infirmitate ejus.* Ps. 40, 4. Et, personnes atteintes du fléau, le pontife du Seigneur, lui, votre bon père, votre pasteur charitable, n'a-t-il pas de même remué, retourné votre lit? Sa vue n'a-t-elle pas été pour vous une grande consolation, un soulagement indicible? Vos cœurs ne se sont-ils pas comme fondus, et des larmes, dont il vous eût été impossible d'exprimer la douceur, n'ont-elles pas coulé de vos yeux ? et ne vous êtes-vous pas senties, même vous, qui étiez éloignées des pratiques religieuses, indifférentes pour elles, ne vous êtes-vous pas senties puissamment portées à demander les secours de la Religion ? et des douceurs que vous ignoriez, et que vous ne vous seriez pas imaginées, n'ont-elles pas été répandues sur votre dernière heure ? et n'avez-vous pas expiré bénissant celui qui était venu vous visiter, et disant : Notre évêque était tel, et il nous aimait tant ! Ah ! si sur la terre nous sommes les enfants d'un si bon père, les ouailles d'un pasteur si charitable, quel n'est donc pas le Père céleste vers qui nous allons! Béni soit à jamais, loué et exalté dans les siècles des siècles, le Dieu qui a appuyé son Église sur de si belles et si admirables colonnes.

Telle la sollicitude de l'évêque pour ses diocésains, telle la sollicitude des prêtres pour ceux qui leur sont confiés. Et pour les prêtres quels jours ces derniers jours ! Comme l'esclave désire l'ombre, et le mercenaire la fin de son labeur, ainsi, bien des fois, ils ont soupiré après le temps destiné au repos, disant : Au moins le lit nous soulagera, nous refaira de notre épuisement et de notre lassitude ! Et pendant bien des nuits, et souvent consécutives, le sommeil a fui leurs yeux, et le repos a dit à leurs paupières : Je ne vous connais pas : la nuit, comme le jour, demandes sur demandes. Et ces demandes, avec quel empressement et quelle charité ne les ont-ils pas accueillies ! Vous tous qui êtes allés les chercher, parlez : les portes de leurs cœurs vous ont-elles été moins ouvertes que celles de leur demeure? ont-ils balancé seulement une fois? de suite n'ont-ils pas dit : Allons, quoique vous vissiez à leur extérieur qu'ils avaient plus besoin de rester que de sortir ?

Honneur, gloire, bénédiction à vous, chers confrères, qui vous êtes montrés si dignes ministres d'un Dieu immolé pour le salut des hommes ; vous n'avez pas peu ajouté au respect de votre robe, à la majesté de la Religion, et à la gloire du nom de Dieu. Des hauteurs de son séjour, le Seigneur vous dit : Je serai moi-même votre très-grande récompense. Et vous, glorieuses victimes plus encore de votre dévouement et de votre zèle que de l'épidémie, n'avez-vous pas entendu de sa bouche ces paroles consolantes : Bons et fidèles serviteurs, entrez dans la joie de votre Seigneur? Qu'il soit béni le Dieu qui donne à son Église de semblables ministres ! qu'il soit béni !

L'homme, né de la femme, faible ; plus faible la femme, elle, côte de l'homme ; mais le Seigneur Dieu est sage, et il choisit ce qu'il y a de plus faible pour opérer ce qu'il y a de plus fort ; et il choisit les dernières entre les créatures pour être le plus glorifié en elles. Les forts ne défaillirent-ils pas en Israël, et leur courage ne fut-il pas abattu, quand une femme se leva, quand se leva Débora, et leur donna la victoire sur des rois puissants? Et par la main de Jahel, femme d'Haber, le général du roi des Chananéens ne passa-t-il pas du sommeil à la mort? Et le général du roi des Assyriens tomba-t-il devant de jeunes guerriers? fut-il frappé par des géants? Judith, fille de Mérari, ne lui trancha-t-elle pas la tête avec son propre glaive? Et durant les jours de l'épidémie n'a-t-on pas vu des colombes célestes voler sur les ailes de la vertu dont elles portent le nom, sur les ailes de la charité? et elles, et beaucoup d'autres, quelque nom qu'elles portent, n'ont-elles pas déployé un courage, un dévouement et un zèle au-dessus de toute admiration et de toute louange?

Honneur, gloire, bénédiction à vous, chères sœurs; et vous, Seigneur, soyez adoré, loué; et béni soit le saint nom de votre gloire, de ce que vous avez mis une si grande force dans ce qu'il y a de plus faible.

Chères sœurs, vous avez agrandi la majesté de la Religion, agrandi la gloire du nom de Dieu. Réjouissez-vous et soyez remplies d'allégresse parce que votre récompense est grande dans les cieux. Et vous que le fléau a enlevées, vous, vierges, épouses de Jésus-Christ, qui avez méprisé votre vie jusqu'à la sacrifier pour vos frères, n'êtes-vous pas bien élevées dans le royaume céleste?

Honneur, gloire à vous, médecins, qui ne vous êtes épargnés ni le jour ni la nuit.

Honneur, gloire à vous, magistrats, maires, qui avez déployé un si généreux dévouement. Digne et admirable préfet, je ne vous loue pas : mon évêque m'a prévenu. Dans une lettre-circulaire qu'il a envoyée aux membres du clergé et des congrégations religieuses du diocèse, il a dit de vous : « L'éminent magistrat a été un modèle parfait de dévouement. Il ne lui a pas suffi de tout prévoir pour combattre le redoutable fléau, et de tout organiser pour l'assistance des malades; il s'est empressé de les visiter, ne cessant pas de les encourager par sa présence, et de les consoler par ses largesses, se montrant ainsi le père du peuple confié à ses soins. Un tel exemple est au-dessus de tout éloge; la Religion le bénit, le département tout entier l'admire, et nos cœurs n'en perdront jamais le souvenir. » Après un pareil éloge, Jérémie ne croit pas pouvoir mieux faire que de mettre la main à sa bouche.

Vous passerai-je sous silence, vous toutes, personnes du monde, qui l'or matériel à la main et l'or de la charité dans le cœur, avez visité tant de vos frères et sœurs souffrants, et avez, à l'exemple du Père Commun des hommes, remué, retourné leur lit? Bonheur à vous dans la vie, bénédiction au jour de la mort, et au-delà de la tombe ces consolantes paroles : Venez, les bénis de mon père; recevez le royaume qui vous a été préparé dès le commencement : car j'ai eu faim, et vous m'avez donné à manger; j'ai été malade, et vous m'avez visité; j'ai été en proie au fléau, et vous m'avez consolé, soulagé. Et vous direz : Seigneur, quand est-ce que nous vous avons vu avoir faim, et que nous vous avons donné à manger? quand vous avons-nous vu malade, et vous avons-nous visité? en proie au fléau, et vous avons-nous consolé, soulagé? Et le Seigneur, répondant, vous dira : Quand vous avez fait ainsi à vos frères, vous l'avez fait à moi-même.

Personnes du monde, ces paroles du Sauveur nous regardent aussi bien que les apôtres : Vous serez en haine aux hommes; et ils vous maudiront, et ils vous persécuteront, et ils diront faussement de vous toute sorte de mal. Et en effet, parmi nous, combien qui sont mal vus, haïs, persécutés, calomniés, particulièrement dans quelques lieux ? Pourtant voyez la charité des prêtres à votre égard, leur zèle empressé, leur dévouement sans bornes. Ils se sont épuisés à cause de vous ; et ceux qui ont péri, ont plus succombé encore à leur épuisement dans votre service qu'à l'épidémie ; ce sont, disaient-ils, les enfants que le Seigneur nous a donnés, et comment les laisserons-nous ? Personne ne peut témoigner un plus grand amour qu'en donnant sa vie pour les autres ; et l'amour de Dieu nous est connu, en ce que précisément il a donné sa vie pour nous. Pareillement nous voici disposés à tout sacrifier pour vous, la vie même, s'il le faut ; seulement donnez-nous vos âmes, ces âmes rachetées par le sang d'un Dieu, et dont nous devons lui rendre un compte si rigoureux. Donnez-nous vos âmes, épargnez-nous la peine de voir périr tant de nos chers frères et cohéritiers dans le royaume de Jésus-Christ, et pensez bien de nous ; pensez bien de nous ; et voyez si pour cela il ne suffirait pas de purifier un peu votre intérieur ; car qui ne sait que d'ordinaire les jugements de l'homme sont selon son cœur ; ôtez encore la poutre qui est dans votre œil, peut-être qu'alors vous n'apercevrez pas même de paille dans le nôtre.

Personnes du monde, parmi vous combien qui haïssent la Religion, la blasphèment ! Pourtant voyez les grandes consolations qu'elle vous a apportées, et la désolation, et l'amertume et la tristesse dans lesquelles vous auriez été si vous n'aviez pas pu vous les procurer. Bien de fois j'ai entendu dire à des personnes, témoins de notre grande tourmente révolutionnaire : Quel état alors notre état ! Malades, nous voulions nous réconcilier avec Dieu, et nous ne le pouvions pas ; quelqu'un des nôtres, en danger de mourir, demandait un ministre de la Religion, et nous allions à droite et à gauche, mais inutilement; et ce membre de notre famille partait pour l'éternité avec une pareille peine dans le cœur, et un poids accablant était dans le nôtre. Et, personnes du monde, si atteintes par le fléau, et désirant les secours de la Religion, vous n'aviez pas pu vous les procurer, votre désolation et votre tristesse eussent-elles été moindres? et si vos pères et mères, vos époux et vos enfants, vos frères et sœurs, les eussent demandés, et qu'ils n'eussent pas pu les obtenir, et qu'ils fussent ainsi partis de ce monde, toute votre vie n'aurait-elle pas été une amertume immense? Vous n'avez pas été peu peinées de ce qu'ils n'ont pas pu être portés à l'église, combien plus l'auriez-vous été s'ils étaient morts sans être munis des secours de la Religion! Mais ces secours leur ont été procurés, et vous voilà consolées et pleines d'espérance sur leur bienheureuse éternité. Par la Religion le monde est comme un jardin de délices, comme ces lieux enchanteurs que l'on ne se rassasie pas de contempler; mais sans elle, il est comme cette terre par où passèrent les enfants d'Israël, terre, seule, désolée, aride, image de la mort. Aimez donc la Religion, aimez-la; autres que des enfants dénaturés s'élèvent-ils contre leur bonne mère?

SOURCE, CAUSE,

FIN DES FLÉAUX.

D'ou viennent les fléaux qui affligent tant la terre? et
un mal sera-t-il que le Seigneur ne l'ait fait? et quelqu'un
dira-t-il qu'une chose soit, sans que le Très-Haut l'or-
donne? Le bien et le mal, la bénédiction et la malédiction partent de sa bouche. Moi, dit-il, je forme la lumière, et crée les ténèbres, fais la paix, et crée la guerre; moi,
le Seigneur, je fais toutes ces choses. Par conséquent
l'épidémie qui nous a visités, a été envoyée de Dieu.
Vainement nous l'attribuerions à des causes naturelles;
quand elles en seraient la source, elles n'agissent que par
l'impulsion de la cause première. Vous complaisez-vous
donc dans la perte des hommes, Seigneur? Seigneur,
vos délices sont-elles dans leur ruine? Les pensées du
Seigneur sont des pensées de paix, et non des pensées de
guerre; des pensées de bien, et non des pensées de mal.
Nous, naturellement mauvais, nous savons être bons,
combien plus lui, essentiellement bon, la bonté même?
Que puis-je, nous dit-il, plus que je ne fais? Je vous ai

aimés d'un amour éternel; et je vous ai faits à mon image et à ma ressemblance; et du sein de la mère je vous ai pris entre les bras; et comme un père porte son enfant, une mère, l'unique fruit de ses entrailles, ainsi je vous porte; et je fais naître de la terre le pain, votre soutien, et le vin qui charme vos cœurs; et comme une poule rassemble ses petits sous ses ailes, ainsi je vous garde : liens qui captivent les hommes, liens du plus tendre amour, voilà mes liens pour vous. Il est un dur testament que l'homme laisse à l'homme : Tu mourras de mort; mais la mort n'est pas l'ouvrage de Dieu, et le royaume des enfers n'est pas par lui sur la terre : tout ce qu'il fit, il le fit afin qu'il fût; c'est pourquoi toutes les créatures furent saines dans l'origine, ne renfermant aucun venin contagieux. D'où es-tu donc venue, Mort? Mort, d'où es-tu venue? Et vous, fléaux, qui affligez tant la terre, qui appelez-vous votre père? et à qui dites-vous : C'est toi qui nous a engendrés? Que là-dessus on m'entende : mes lèvres proféreront la justice, les sources de la vérité jailliront de ma bouche. Celui dont le palais est l'éternité et le nom Jéhovah, est la loi existant, comme lui, dès le commencement, dès les années éternelles; et l'homme, œuvre de ses mains, est son image et sa gloire; et à l'homme il a donné des commandements et des préceptes; et l'homme, il l'a laissé dans la main de son conseil; et devant l'homme il a mis l'eau et le feu : qu'il étende la main vers ce qu'il voudra; et devant l'homme il a placé le bien et le mal, la vie et la mort, la bénédiction et la malédiction : qu'il choisisse ce qui lui plaira, et ce qui lui plaira, lui sera donné. Il fut dit à Adam : Ne mange point du fruit de l'arbre de la science du bien et du mal; car, au jour que tu en mangeras, tu mourras de mort. Adam transgressa le commandement

du Seigneur, et la mort entra dans le monde, la mort,
et cette grande occupation créée pour tous les hommes,
et ce joug pesant sur les enfants d'Adam, depuis le jour
où ils sortent du sein de leur mère, jusqu'au jour de leur
sépulture dans le sein de la mère commune à tous.

Adam engendra des fils; et les fils d'Adam, des fils; et,
dans tous les temps, les fils d'Adam ont imité la folie de
leur père; et ils l'ont prise pour leur bien-aimée, et ils
lui ont donné des gages d'époux, eux, bien dignes d'une
pareille alliance; c'est pourquoi de grands fléaux et de
grandes calamités sont venus fondre sur la terre. En effet, la fin de toute chair vient devant le Seigneur Dieu,
et de vastes eaux l'engloutissent; et pourquoi? Toute
chair a corrompu sa voie sur la terre. Une pluie de souf-
fre et de feu dévore Sodome et Gomorrhe; et pourquoi?
Le cri de Sodome et de Gomorrhe s'est multiplié devant
le Seigneur, et leur péché s'est aggravé en sa présence.
Un grand glaive vient de la terre de Chaldée dans la terre
de Juda, et dans la terre de Juda et dans les rues de Jérusalem il multiplie la désolation et la ruine; et pourquoi? Le prophète des lamentations nous l'apprend : Jérusalem a beaucoup péché; *peccatum peccavit Jerusalem*.
Lam. 1, 8. Et ses souillures ont couvert ses pieds; *et
sordes ejus in pedibus ejus*. Lam. 1, 9. Le joug de mes
iniquités s'est éveillé, dit Sion elle-même, et le Seigneur les a roulées dans sa main, et il les a imposées sur
mon cou.

Et autre chose que nos prévarications et nos iniquités
a-t-elle attiré sur nous le fléau qui nous a visités? Et nos
prévarications, quelles prévarications! et nos iniquités,
quelles iniquités! et nos désordres, quels désordres!
Grand cadavre ambulant, ayant le nom de vivant, et mort
réellement, voilà le monde; il est comme ce champ de

la vision d'Ézéchiel, champ vaste, couvert d'ossements desséchés; en effet, les sacrements, selon qu'ils sont fréquentés ou délaissés, sont la vie ou la mort des peuples, et les sacrements sont-ils beaucoup fréquentés? Hommes des villes, qui remplissez seulement le devoir pascal, levez-vous. O Dieu, qu'ils sont en petit nombre! Comme s'ils n'étaient pas, comparés aux autres. Levez-vous aussi, hommes de la campagne, fidèles à votre devoir annuel; que ce nombre est encore petit, particulièrement dans quelques lieux, quoique plus grand que celui de la ville! Je ne me plains pas des femmes : comme l'aimant attire le fer, ainsi elles ont de l'attrait pour les sacrements; est-il possible que la quenouille nous ravisse, à nous hommes, le royaume du ciel!

Quand l'Ancien des jours rompit toutes les sources du grand abîme, et ouvrit les cataractes du ciel, de vastes eaux couvrirent toute la terre; et ainsi la couvrent les abominations et les impiétés des hommes. Dieu a fait le monde pour manifester sa gloire, et dans le monde il veut voir autant d'adorateurs de son nom qu'il y a d'habitants; et le monde est un grand temple d'idoles; et d'un bout de ce temple à l'autre s'élèvent des flots d'un encens impur et sacrilège. Là, dans ce temple, sur les ruines de celui de Dieu, est un autel, et sur l'autel, une idole; l'Orgueil est son nom. Là un autel, et sur l'autel, une idole; l'Ambition est son nom. Là un autel, et sur l'autel, une idole; l'Avarice est son nom. Là un autel, et sur l'autel, une idole; la Vengeance est son nom. Là un autel, et sur l'autel, une idole; l'Ivresse est son nom. Est-ce tout? Lève-toi, lève-toi, fils de l'homme, et va, et perce cette muraille, et derrière la muraille tu verras des abominations : les abominations de la volupté dans le jeune âge. Tu es surpris? Va, va plus avant, fils de l'homme, et perce cette autre muraille, et derrière la muraille tu verras des abominations plus grandes encore : les abominations et le raffinement de la volupté de certains célibataires, sépulcres blanchis, paraissant beaux à l'extérieur, et pleins d'ossements de morts et de corruption au-dedans; vierges devant les hommes, et la turpitude et l'obscénité elle-même devant Dieu, fuyant le fardeau du mariage pour les raisons que l'on comprend, et qui ne s'expliquent pas. Tu t'arrêtes, stupéfait? Va, va plus avant, fils de l'homme, et perce cette autre muraille, et derrière la muraille tu verras des abominations plus grandes encore : les abominations de l'homme sortant de son lit, et allant vers celle qui n'est pas la sienne, et les abominations de la femme laissant l'époux de sa jeunesse, et s'abandonnant à des embrassements étrangers. Tu recules, et le poil de ta chair se hérisse d'horreur? Va, va, perce cette autre muraille, et derrière la muraille tu verras des abominations plus grandes encore; mais arrête-toi : tu n'en soutiendrais pas la vue. O Dieu, si du haut du ciel vous tendiez la main, et souleviez le voile qui cache tant de mystères abominables, comme nous frémirions!

Il est une prévarication qui fait le plus terriblement monter la fumée de la colère du Seigneur; c'est la violation de son jour; ce jour qu'il a béni, sanctifié dès le commencement, qu'il a tant à cœur, et qu'il a établi comme un signe entre lui et les hommes; et ce jour est peu gardé parmi nous. Ville, le distingues-tu autrement que par tes dissolutions et tes excès? et, à cet égard, la campagne ne ressemble-t-elle pas beaucoup à la ville, surtout dans quelques lieux? Et nous ne réfléchissons pas en nous-mêmes, disant : Comme on sépare les vases sacrés des vases ordinaires, ainsi le Seigneur a séparé son jour des autres jours ; et nous ne toucherions pas les vases-sacrés, et nous profanons si aisément le jour du Seigneur.

Le Seigneur est bon, patient, plein de miséricorde ; mais en même temps il est juste ; et le marteau de sa justice monte selon que montent les prévarications et les iniquités des hommes. Vient le moment où la mesure se comble, le marteau tombe, et l'heure du coup est sonnée ; et certainement le coup aura lieu, et le Seigneur sera inexorable.

Ne me prie pas pour ce peuple, dit Dieu à Jérémie au jour où les enfants d'Israël mirent le comble à leurs péchés ; ne me prie pas pour ce peuple : mon âme n'est plus à lui. Et s'ils te disent : Où irons-nous ? Tu leur diras : Voici ce que dit le Seigneur : Que ceux qui sont destinés au glaive, soient livrés au tranchant du glaive ; que ceux qui doivent périr par la faim, périssent par la faim ; que ceux qui doivent aller en captivité, aillent en captivité.

Nous avons de même comblé la mesure de nos iniquités, et le Seigneur a été inexorable, et il a appelé le fléau, et le fléau a exercé parmi nous les tristes et désolants ravages que nous savons. Et les fléaux et les calamités qu'envoie le Seigneur, dans quel but ? Que là-dessus on m'entende : Mes lèvres proféreront la justice, les sources de la vérité jailliront de ma bouche. Le laboureur ne travaille pas toujours à fendre la terre, à en briser les mottes ; mais il l'aplanit, et il y trace des sillons, et il y sème du grain ; et chaque grain, il le sème en son temps ; et il le sarcle, et il le recueille, et il le bat ; et encore ne le bat-il pas toujours. Et tout cela le laboureur le fait en vue du fruit. Et en tout cela le Seigneur nous montre la prudence de ses conseils, la grandeur de sa sagesse : dans la conduite qu'il inspire au laboureur à l'égard de chaque grain, il nous dépeint l'image de celle qu'il tient lui-même à l'égard des hommes, dont il prépare les cœurs par l'onction de sa grâce, et en qui il sème la semence de sa doctrine, et qu'il punit selon les règles de sa prudence et de sa sagesse, c'est-à-dire en différents temps, et tantôt moins, et tantôt plus; et tout cela, Dieu le fait en vue du fruit. Et le fruit, quel est-il? Que les prévarications cessent, que les péchés prennent fin, et que le règne de Dieu soit rétabli sur les ruines de l'iniquité. *Iste omnis fructus, ut auferatur peccatum.* Is. 27, 9. Israël fut mené en captivité; et en la terre de captivité, Israël se souvint du Seigneur; et il loua le Seigneur; et il se dépouilla de son cœur endurci et de sa malice. Et si les secrets d'au-delà de la tombe pouvaient nous être révélés, parmi les victimes du fléau, combien qui nous diraient: Le fléau a été notre salut! Et vous, vivants, n'êtes-vous pas rentrés, plusieurs, sérieusement en vous-mêmes? et n'avez-vous pas fait de dignes fruits de pénitence?

Seigneur Dieu, qui savez si admirablement tirer le bien du mal, soyez béni, adoré; et que le nom de votre gloire soit exalté à jamais.

Anges du ciel, bénissez le Seigneur; louez-le, exaltez-le dans tous les siècles.

Enfants des hommes, bénissez le Seigneur; louez-le, exaltez-le dans tous les siècles.

RÉFLEXION

SUR L'ÉPIDÉMIE.

Le fléau a tout-à-fait disparu de nos contrées. Béni soit le Dieu qui après les ténèbres ramène la lumière, après la tempête, le calme, après la désolation et la tristesse, la joie ! Le fléau viendra-t-il de nouveau ? Qui peut le dire ! Dans la main du Seigneur est la clef de l'avenir : seul, il ouvre, et personne ne ferme ; il ferme, et personne n'ouvre. L'arc-en-ciel fut donné aux hommes comme un signe qu'il n'y aurait plus de déluge sur la terre : jusqu'à ce que nous ayons de même un signe, ou que la parole de Dieu nous soit révélée, les ténèbres seront en nous, et non la lumière. Ce que nous pouvons dire, c'est que le bien et le mal, la bénédiction et la malédiction sont entre nos mains. Oracle de l'Esprit-Saint : L'homme ne recueillera que ce qu'il aura semé ; s'il sème dans la crainte de Dieu, et dans l'accomplissement de sa loi, dans la crainte de Dieu et dans l'accomplissement de sa loi il moissonnera la bénédiction ; mais s'il sème dans l'insubordination, et dans le mépris de ses com-

mandements et de ses préceptes, dans l'insubordination
et dans le mépris de ses commandements et de ses préceptes il moissonnera la malédiction, le tourbillon et la
tempête de la colère céleste. Par conséquent que le règne de Dieu soit en nous, marchons en sa présence, gar-
dons sa loi, et le fléau se tiendra loin de nous; mais si
nous bannissons sa crainte, et si nous foulons aux pieds
ses jugements et ses préceptes, il fera entendre une autre
fois aussi son sifflet, et, venant, le fléau dira : Me voici,
et il exercera parmi nous ses anciens ravages.

Nos prévarications et nos iniquités sont autant de ron-
ces et d'épines qui piquent le Seigneur, et l'excitent à
nous punir. Et peut-il faire autrement? Dieu est père; or
quel père ne châtie pas ses enfants? Dieu est Seigneur,
roi; or quel roi laisse enfreindre impunément ses lois?
Dieu est l'époux de nos âmes; or l'infidélité de quelle
épouse n'est-elle pas la grande colère de son époux? Parole du Seigneur à Ézéchiel : Fils de l'homme, deux
femmes ont été les filles d'une mère; leurs noms d'Oolla
Samarie, et d'Ooliba Jérusalem. Et Oolla et Ooliba ont
été à moi; et Oolla s'est prostituée à ses voisins, les fils
de l'Assyrie; c'est pourquoi je l'ai livrée aux mains de
ceux qu'elle a aimés, et ils ont accompli sur elle mes jugements. Ooliba, sa sœur, s'est abandonnée de même
aux embrassements des enfants de Babylone et de Chaldée; et les enfants de Babylone et de Chaldée l'ont souil-
lée de leurs ardeurs; c'est pourquoi ceux qu'elle a aimés seront les exécuteurs de mes vengeances sur elle.
Le ciel, dit Dieu, est mon trône, la terre mon mar-
che-pied, et le cœur de l'homme, ma demeure de pré-
dilection. Il voulut que le tabernacle et le temple de Jérusalem fussent ornés de l'or le plus pur, et il nous ver-
rait d'un œil indifférent métal grossier, plomb vil, écu-

me de l'argent ? Non, non : il faut que nous soyons jetés dans le fourneau, et que nous y soyons purifiés. Parole du Seigneur à son prophète : Fils de l'homme, la maison d'Israël s'est changée pour moi en écume : ils sont tous comme de l'airain, de l'étain, du fer et du plomb ; c'est pourquoi dis à la maison d'Israël : Voici ce que dit le Seigneur : Comme on jette ensemble l'argent, l'airain, l'étain, le fer et le plomb au milieu du fourneau, ainsi je vous assemblerai dans Jérusalem : je vous y rassemblerai comme dans un creuset, et vous saurez que moi je suis le Seigneur, lorsque je vous embraserai par les flammes de mon indignation et de ma fureur.

La marche du Seigneur dans les châtiments qu'il inflige, la manière dont il les proportionne aux crimes, n'est pas moins digne de notre attention. Pour le temps où Théglathphalasar, roi d'Assyrie, monta vers la terre d'Israël, Isaïe dit : Dieu a frappé d'abord légèrement la terre de Zabulon et la terre de Nephthali ; *primo tempore alleviata est terra Zabulon et terra Nephthali.* Is. 9, 1. Pour le temps de Salmanasar, le même prophète dit : La Galilée des nations qui s'élève au-delà du Jourdain, le long de la mer, a ressenti la pesanteur du bras du Seigneur ; *novissimo aggravata est via maris trans Jordanem Galilœæ gentium.* Is. 9, 1. Sennacherib vint s'élevant au-dessus de tous les bords, franchissant toutes les digues. Nabuchodonosor dévora Juda ; il l'engloutit comme le dragon des mers, il remplit ses entrailles de ses chairs. Et toutes ces plaies, quoique de plus en plus grandes, visites de miséricorde pour Israël : afin qu'Israël revînt au Seigneur et lui fût fidèle ; c'est ainsi que le retour et les ravages du fléau seront selon nos prévarications et nos iniquités ; et tout cela, afin que nous soyons justes, purs et saints devant le Seigneur.

Bannissons donc l'impiété de nos cœurs et l'iniquité de nos mains; adorons Dieu en esprit et en vérité, sanctifions son jour, et nous n'aurons pas à redouter le fléau; mais s'il n'y a que prévarications et désordres en nous, et si nous violons le jour du Seigneur, nous pouvons nous attendre encore au fléau : toute chair s'unit à la chair qui lui ressemble, et l'ombre suit celui qui la forme, et dans sa justice pleine de sagesse Dieu a disposé que les calamités et les fléaux soient, tôt ou tard, les suites inévitables des prévarications et des iniquités.

Maires des villes, maires des campagnes, rappelez-vous les ordonnances et les décrets de plusieurs de nos souverains sur le jour du Seigneur, et usez de toute votre autorité pour qu'il soit gardé. Rien dont Dieu soit plus jaloux; rien qui allume autant sa colère et attire ses malédictions sur la terre que la profanation de ce jour.

LAMENTATIONS

SUR LA MISÈRE.

Comment la joie a-t-elle fui le visage de l'homme de la campagne, et le visage de l'homme de la ville? et comment les laboureurs sont-ils confondus, et les vignerons poussent-ils des cris lamentables? Toutes les créatures, à cause de la pente que Dieu a mise en elles, tendent à combler les désirs de l'homme. En ce temps, dit le Seigneur, j'exaucerai les cieux; et les cieux exauceront la terre; et la terre exaucera le blé, le vin et l'huile; et le blé, le vin et l'huile exauceront Jezrahel. Et il n'y a pas longues années encore, le blé criait à la terre, et la terre criait au Seigneur, et le Seigneur ouvrait son précieux trésor, le ciel; et les pluies tombaient en leur temps, les premières et les dernières pluies; et les champs se revêtaient de joie, et les collines, d'allégresse; et partout s'entendaient les cris des moissonneurs, et la voix de ceux qui disaient : Béni le Seigneur qui nous remplit de ses dons! les bénédictions du Seigneur sont la couronne de l'année. Le vin aussi criait à la terre, et la terre criait au

Seigneur, et le Seigneur bénissait le cep, et il couronnait le pampre; et partout s'entendaient les cris des vendangeurs, et les cris des hommes foulant le pressoir, et la voix de ceux qui disaient : Béni le Seigneur qui nous donne ses fruits en abondance! les bénédictions du Seigneur sont la couronne de l'année. Et les trésors de la campagne allaient à la ville, et la joie était dans le cœur de l'homme de la ville; et les trésors de la ville venaient à la campagne, et la joie était dans le cœur de l'homme de la campagne.

Mais voici que depuis quelques années les cieux n'exaucent point la terre; et la terre n'exauce point le blé et le vin; et le blé et le vin ne comblent point les vœux de l'homme : le dérangement des saisons est selon le dérèglement de nos mœurs. Tantôt des pluies continuelles font que les semailles du blé sont fort arriérées; tantôt l'hiver est printemps, et le printemps, et souvent une partie de l'été, sont hiver : en sorte que le même retard a lieu dans les semailles du maïs. Le grand été vient, et le blé pleure, et le maïs est dans les larmes : ils tendent les mains vers le ciel, et le ciel est d'airain sur eux, et le Seigneur n'ouvre point le sein des nues. Le temps de la moisson du blé arrive, et celui qui y applique la faucille a le cœur triste, et les cris et les chants joyeux sont loin de sa bouche. Dans les jours d'automne, le maïs, encore vert, demande au Seigneur de beaux soleils; et les beaux soleils ne lui viennent pas. De plus, cette année, de grandes pluies l'ont tenu long-temps absorbé, chétif partout, et, dans quelques lieux, non encore bien mûr. Le pressoir n'est pas plus béni que l'aire : depuis quelques années la main du Seigneur est sur la vigne, et le vin fuit les lèvres de l'homme avide.

Autrefois le Seigneur disait à son peuple : Parmi vous

celui qui sème se rencontrera avec celui qui moissonne.
La même chose a eu lieu cette année ; mais que les effets
en sont différents ! Le Seigneur voulait dire : Parmi vous
la moisson sera si abondante qu'avant d'être achevée,
elle sera pressée par le temps des semailles ; mais si cette
année le semeur et le moissonneur se sont rencontrés, les
grandes pluies tenant les champs inondés, en ont été la
cause. Car autrement que tu demandais bien peu de
temps, misérable récolte ! Particulièrement pour le raisin,
encore cette année, pas une grappe dans nos contrées ;
en sorte que la tristesse est dans le cœur de l'homme de
la ville, de ce que les richesses de la campagne ne lui
vont pas, au moins aussi abondamment que par le passé,
et que l'obscurcissement et la nuit sont dans l'âme de
l'homme de la campagne, de ce qu'il ne peut pas se procurer les richesses de la ville. Et sur son cheval noir la
Misère se promène partout ; et le peu qu'a produit la
terre, est d'un prix exorbitant. Pauvres familles, sans argent, et, avant longs jours, sans grain, qu'allez-vous de-
venir ? Il fut dit aux habitants de Samarie : De quoi vous
sauver ? du pressoir ou de l'aire ? Le Seigneur n'a béni ni
l'aire ni le pressoir. Et au siège de Jérusalem les petits enfants dirent à leurs mères : Où est le pain ? et elles ne pu-
rent pas leur en donner. La même parole dure ne sera-t-elle pas dite à plus d'un ? et la même impossibilité
ne sera-t-elle pas dans bien des mères, au moins quelquefois ? Seigneur, les yeux de toutes les créatures sont
fixés sur vous : vous donnez, elles recueillent ; vous ou-
vrez la main, elles sont rassasiées de vos dons ; que dans
la triste et désolante année où nous entrons, les ailes de
votre providence s'étendent sur nous, et ne nous oubliez
point, vous qui nourrissez les petits des corbeaux qui
vous appellent par leurs cris, et donnez aux petits des

lions leur pâture. Ne nous oubliez point, et inspirez à l'homme de votre droite, qui nous gouverne si sagement, des moyens de subvenir à notre misère. Il est, lui, comme cet arbre de la vision de votre prophète : arbre grand, atteignant le ciel par sa hauteur, et s'étendant jusqu'aux extrémités de la terre. Ses feuilles sont belles, et ses fruits abondants, et sous ses rameaux habitent les animaux et les bêtes des champs. Toute chair vit de lui, de lui dirigé par votre droite, comme il le déclare hautement lui-même.

DESSEIN DE DIEU

SUR LES HOMMES.

CAUSE DE LA MISÈRE.

Le Seigneur se plait-il à nous affliger ainsi par la misère ? Le dessein du Seigneur est de nous donner au moins ce qui est nécessaire ; et là-dessus entendons les paroles consolantes, pleines de raison et de sagesse qu'il nous adresse : Ne vous inquiétez point pour votre vie de ce que vous mangerez, ni pour votre corps, comment vous le vêtirez. La vie n'est-elle pas plus que la nourriture, et le corps plus que le vêtement ? Regardez les oiseaux du ciel, ils ne sèment, ni ne moissonnent, ni n'amassent dans les greniers : votre Père céleste les nourrit ; et n'êtes-vous pas beaucoup plus qu'eux ? Ne vous inquiétez pas non plus pour le vêtement ; considérez comment croissent les lis des champs : ils ne travaillent ni ne filent ; pourtant je vous dis que Salomon, dans toute sa gloire, n'a pas été vêtu comme l'un d'eux. Si Dieu revêt ainsi l'herbe des champs, qui aujourd'hui est, et qui demain sera jetée dans le four, combien aura-t-il plus de soin de vous vêtir? On éprouve je ne sais quoi de doux et de consolant quand on lit ces paroles du Prophète-Royal : Le Seigneur a de moi un soin plein de soucis. *Dominus sollicitus est mei.* Ps. 39, 18. Aussi s'écriait-il dans les transports de sa reconnaissance : Enfants des hommes, abandonnez-vous tout entiers au Seigneur : le Seigneur vous nourrira. *Jacta super Dominum curam tuam, et ipse te enutriet.* Ps. 54, 23. Le Sauveur expose la source, le fondement de cette bonté paternelle de Dieu sur nous, quand il nous dit : Si vous qui êtes mauvais, vous savez donner ce qui est bon, combien plus votre Père, qui est dans les cieux, le donnera-t-il à ceux qui le lui demandent ? En nous la bonté est par émanation, en Dieu c'est sa nature.

Comment donc expliquer la misère dont il nous afflige? et nos prévarications et nos iniquités ne l'expliquent-elles pas assez ? Étant si peu fidéles à le servir, voudrions-nous qu'il le fût à nous nourrir? Qui que tu sois, homme, écoute: Garde les commandements du Seigneur, et ces bénédictions se répandront sur toi: tu seras béni dans la ville, béni dans les champs. Béni sera le fruit de ton ventre, béni le fruit de ta terre. Bénis seront les greniers, bénis tes troupeaux. Tu seras béni en entrant, béni en sortant. Mais si tu violes les préceptes du Seigneur, toutes ces malédictions viendront sur toi : tu seras maudit dans la ville, maudit dans les champs. Maudit sera le fruit de ton ventre, maudit le fruit de ta terre. Maudits seront tes greniers, maudits tes troupeaux. Tu seras maudit en entrant, maudit en sortant. Cherchez premièrement le royaume de Dieu et sa justice, nous dit encore le Sauveur dans l'Évangile, et tout le reste vous sera donné par surcroît.

Qu'au Dieu qui m'a inspiré cet écrit soit la gloire et l'empire dans les siècles des siècles; et à tous ceux qui le liront, la grâce et la paix de la part de Notre Seigneur Jésus-Christ. Ainsi soit-il.

BAYONNE, IMPRIMERIE P.-A. CLUZEAU, RUE DU GOUVERNEMENT, 15.

www.ingramcontent.com/pod-product-compliance
Lightning Source LLC
LaVergne TN
LVHW012053030726
842523LV00002B/509